アクセスマップ

主なアクセス

松浦市鷹島町

車 **長崎市方面から**

　1)長崎自動車道（武雄JCT）→西九州自動車道（三川内IC）→
　　伊万里方面へ。国道204号を進み、鷹島肥前大橋を渡る
　2)長崎自動車道（多久IC）→厳木バイパス→唐津へ。
　　切木線を進み、鷹島肥前大橋を渡る

佐世保市方面から

西九州自動車道（三川内IC）→伊万里方面へ。国道204号を
進み、鷹島肥前大橋を渡る

佐賀市方面から

長崎自動車道（多久IC）→厳木バイパス→唐津へ。切木線を
進み、鷹島肥前大橋を渡る

福岡方面から

西九州自動車道→二丈浜玉有料道路→唐津へ。切木線を進
み、鷹島肥前大橋を渡る

フェリー 今福港（松浦市）→殿之浦港　鷹島汽船で約40分
御厨港（松浦市）→船唐津港　鷹島汽船で約35分
御厨港（松浦市）→阿翁浦港　鷹島汽船で約75分
※今福港、御厨港ともに車の乗船可能。
🈺鷹島汽船　☎0955-48-2327

松浦市福島町

車 **長崎市方面から**

長崎自動車道（武雄北方IC）→伊万里市方面へ。国道204号
を進み、福島大橋を渡る

福岡方面から

西九州自動車道→二丈浜玉有料道路→唐津へ。国道202号、
204号を進み、福島大橋を渡る

平戸市

車 **長崎市方面、佐世保市方面から**

長崎自動車道（武雄JCT）→西九州自動車道（相浦中里IC）→
国道204号を進み、平戸大橋を渡る

公共交通機関 **長崎市方面、佐世保市方面から**

JR長崎駅→JR佐世保駅→MRたびら平戸口駅→平戸

平戸市生月町

車 **長崎市方面、佐世保市方面から**

長崎自動車道（武雄JCT）→西九州自動車道（相浦中里IC）→
国道204号を進み、平戸大橋を渡る→国道383号、県道19号
を進み、生月大橋を渡る

1

平戸・松浦の魅力

長崎県の北部に位置する平戸と松浦。
気軽に出かける島めぐりも楽しめる。
自然満喫派にも、歴史好きにも、食通にもオススメだ。

架橋を渡って気軽にアクセス

鷹島、福島、平戸島、生月島、いずれの島も、車でアクセスできる。2009年に鷹島肥前大橋が開通、2010年4月から平戸大橋と生月大橋も無料化され、気軽にドライブできる。

魚がうまい！

松浦にはブランド魚の旬アジ、旬サバがある。鷹島の養殖トラフグ、福島の養殖クルマエビ、平戸で水揚げされる天然ヒラメなど食通のチェック食材は豊富だ。

国境を越えた交流

歴史的に海外との窓口だった平戸。鄭成功を通して台湾、商館があったオランダと、今でも国際交流が続く。元寇の舞台となった鷹島ではモンゴルとの絆を深めている。

モチーフ

街のあちこちで目にする面白いデザイン。かわいらしいフグは鷹島産の阿翁石でつくられている。平戸では、オランダ人をかたどった人形など、西洋との交流を物語るモチーフを至る所で見かける。

豊かな花木

花木を楽しむこともできる。ツツジの名所も多く、不老山総合公園（松浦市）や長串山公園（佐世保市鹿町町）がある。福島にはヤブ椿の原生林があり、椿まつりが年1回催されている。

海の美しさ

何と言っても島の魅力は、美しい海。このエリアにも海水浴場が点在する。港ですら海の透明度が高く、底が見えるほど。豊かな海の恩恵を受けて、島の人たちは生活している。

序章　平戸・松浦 5つの物語

平戸・松浦の地で、精いっぱい生きた人たち。彼らの足跡を訪ねたい。

西の海を治めていた武士たちの小さな勢力が集まった「松浦党」。
彼らは戦いを重ねながら、領地を守った。
その中で台頭した平戸松浦氏。貿易で財をなした歴代の主たちは豊かな文化を育んだ。
信仰の形に翻弄されながらも激動の時代を生き抜き、家を代々守り抜いた。
江戸時代に栄えた西海捕鯨は松浦氏を支え、藩内の経済や文化活動を潤す。
一頭の巨大な鯨を前に、人々が一団となり、命がけで挑む漁。
生きとし生けるものの刹那の命を知る彼らだからこそ、力いっぱい生きたのかもしれない。

今、彼らの息遣いを探し、そのパワーを感じる旅に出る。

元寇の物語
西海の武士「松浦党」と元寇

貿易の物語
交易で潤う国際貿易都市 平戸
中国・西洋への窓口

文化 の 物語
平戸松浦藩の武家文化
華開く西の都へ

信仰 の 物語
平戸の精神を探る
そこは信仰のるつぼ

捕鯨 の 物語
勇魚漁で栄えた生月
鯨組の隆盛を訪ねて

元寇の物語
西海の武士「松浦党」と元寇

 写真解説 **元寇終焉の島、鷹島** ↑
島の南岸には元軍の船の碇や武器などが眠り、海底遺跡として注目を集めている。

西の島々を旅すると、水平線に沈む夕日に出会う。
赤く染まった空の色は刻々と朱、紫、濃紺へと変わり、
やがて漆黒に無数の光を迎える。
波の音しか聞こえない島の夜。
こぼれ落ちんばかりの星たちが安らぎを与えてくれる。

この地に生きた武士たちも同じ風景を心に刻み、
海とともに生きた。
星に尋ね、風を聞き、潮を読みながら、
その巧みな航海術によって生きる場所を求め、
遠くは中国大陸、朝鮮半島へと動いた。

時として、異国との戦いに挑んだ武士たちは
命をかけて土地や民を守り抜いた。
海の中に沈んだ戦いの遺物が当時の状況を物語る。

参考文献
『県史42　長崎県の歴史』(山川出版社)
『長崎県史　古代・中世編』(吉川弘文館)
『史料で読む長崎県の歴史』外山幹夫(清文堂)
『平戸市史』
『鷹島海底遺跡IV〜VII、IX〜XI　鷹島町文化財調査報告書』(鷹島町教育委員会)
『鷹島　蒙古襲来・そして神風の島』(鷹島町教育委員会)

写真撮影・提供
Ⓜ：松尾順造
Ⓚ：崎陽舎
Ⓚ：九州大学附属図書館　提供
Ⓣ：松浦市立鷹島歴史民俗資料館　提供
Ⓢ：松浦市水産商工観光課　提供
Ⓣ：松浦市鷹島支所地域振興課　提供
Ⓕ：松浦市福島支所地域振興課　提供

海を司った「松浦党」をひもとく

「志佐」「針尾」「小佐々」などは、長崎県の北部の地名である。「松浦党」と呼ばれた武士たちの名字でもあった。海を生活の場とし、海外との交易で生計を立てた松浦党。領土を守るために戦いを続けた足跡を探る。

松浦党のルーツを探る

　松浦地方には玄界灘という全国屈指の豊かな漁場があり、古くから海の幸に恵まれていた。平安時代、松浦地方から五島列島までの地域一帯は「宇野御厨」と呼ばれ、大宰府へ魚介類などを献上する荘園だった。

　中央から派遣された荘官たちは荘園を管理しつつ、土地を開拓して私有化し、武器を携え自衛しながら、次第に土着していった。その中に、源久という嵯峨源氏の流れを

くむ人物がいたと伝えられる。源久の子孫たちは漢字一字の名前の形態を継承し、松浦から五島列島までの広範囲に住みついた。その小さな勢力は20を超え、総称して「松浦党」と呼ばれるようになった。

　当時は結束力が薄く、統率するリーダーは存在しなかった。そのため、党内での争いも絶えず、源平の合戦ではそれぞれ立場が異なった。また、鎌倉時代も、各々が幕府と御家人の関係を結んだとされる。

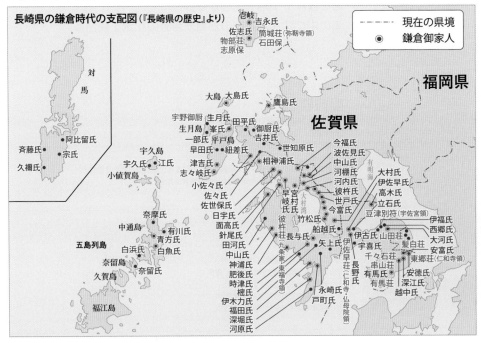

長崎県の鎌倉時代の支配図（『長崎県の歴史』より）

- - - - - - 現在の県境
◉ 鎌倉御家人

壱岐
吉永氏
佐志氏　筒城荘（弥靭寺領）
物部荘　石田保
志原保

福岡県
佐賀県

対馬
斉藤氏　阿仁留氏　宗氏
久禰氏

大島　大島氏
宇野御厨　生月氏
生月島　峯氏　田平氏
一部氏　平戸島　御厨氏
早田氏　紐差氏　吉井氏
宇久島　津吉氏　世知原氏
宇久氏　江氏　相神浦氏
志々岐氏
小値賀島　小佐々氏
佐々氏
奈摩氏　佐世保氏
中通島　日宇氏
有川氏　面高氏
青方氏　針尾氏
五島列島　白浜氏　白魚氏　田河氏
奈留島　中山氏
奈留氏　神浦氏
久賀島　肥後氏
時津氏
福江島　椛氏
伊木力氏
福田氏
深堀氏
河原氏

有明海
今福氏
波佐見氏
中山氏
河棚氏
河内氏
彼杵氏
世戸氏
今富氏

大村湾
早岐氏
宮村氏
彼杵荘
長与氏
九条家・東福寺領

竹松氏
船越氏
矢上氏
伊佐早氏
大村氏
長野氏
有馬氏
安徳荘
有馬荘
戸町氏
永崎氏

大村氏　伊佐早氏　高木氏　立石氏
豆津別符（宇佐宮領）
伊古石氏　山田荘
宇喜氏　髪白荘
千々石荘
串山荘
深江氏

伊福氏
西郷氏
大河氏
安富氏
東郷荘（仁和寺領）
越中氏

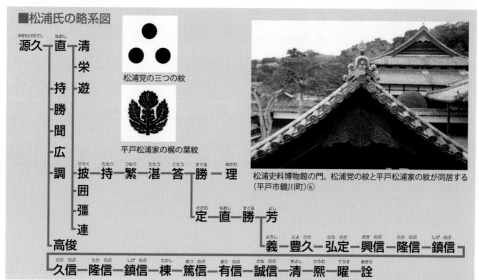

■松浦氏の略系図

松浦党の三つの紋

平戸松浦家の梶の葉紋

源久―直―清
　　　　―栄
　　　　―遊
　―持
　―勝
　―聞
　―広
　―調―披―持―繁―湛―答―勝―理
　　　―囲
　　　―彊
　　　―連
　―高俊

定―直―勝―芳

義―豊久―弘定―興信―隆信―鎮信

久信―隆信―鎮信―棟―篤信―有信―誠信―清―熙―曜―詮

松浦史料博物館の門。松浦党の紋と平戸松浦家の紋が同居する（平戸市鏡川町）⒦

結束力強め一大勢力に

　松浦地方は中国大陸や朝鮮半島に近く、国防の面でも重要な土地だった。鎌倉時代、2度にわたる元の襲来の際、松浦党は鷹島などの島々に渡って応戦した。

　日本の政権が2つに分裂した南北朝時代、松浦党も日和見的な立場で動乱の時期を迎える。今川了俊[*1]が九州探題[*2]として下向し、北朝方の勢いが強まると、松浦党の一部は結束強化の盟約（一揆）を結び、団結を宣言した。応安6年（1373）から永享8年（1436）まで8回にわたって、一揆契諾状に署名したとされる。これまで一族に属さなかった者までも名を連ねるようになり、松浦党は武士団として一大勢力を誇った。

平戸松浦氏の台頭

　一族の中には海外との交易で力をつけた者もいた。一方で、朝鮮半島や中国大陸に渡って活動し、「倭寇」と呼ばれ恐れられる者も出てきた。

　平戸島に拠点を持っていた峯氏（のちの

松浦党の大兜（松浦市調川町）⒦

平戸松浦氏）は中国や朝鮮との独自の貿易で財をなし、勢力を拡大。本家である相神浦松浦氏と度重なる抗争を繰り返していた。

　戦国時代、全国各地では有力な領主たちが群雄割拠するようになり、小さな勢力を次々と配下におさめた。そうした中、平戸を拠点とする有力な戦国大名に成長した平戸松浦氏は、江戸時代には平戸藩の藩主となり、廃藩置県まで存続した。

元の襲来！鎌倉幕府を脅かした2つの戦

鷹島/MAP14頁

中国大陸から元軍が海を渡って襲来してきた。激戦地となった鷹島で、松浦党は果敢に応戦した。島に残る「血くびのき浦」「地獄谷」などの地名が戦いの壮絶さを伝えている。鎌倉幕府が衰退するきっかけとなった2つの戦いをみる。

2度にわたる元寇

12世紀、中国の情勢は大きく動いていた。北宋が南部へ追いやられ、内陸部からモンゴル民族を率いたチンギス・ハンが中国に進出。その孫フビライ・ハンが1271年、国号を元と改めた。元はさらに朝鮮半島の高麗を従え、日本に通交を迫る使者を再三にわたって送ってきたが、幕府は拒否し、使者を斬首した。

立腹したフビライは文永11年（1274）、約3万人の大軍を日本に向けた。対馬、壱岐、鷹島を経て、博多湾に上陸した元軍に対し、日本軍も果敢に戦うが、異国の兵器や戦法に戸惑い、圧倒されていた。夜になると、元軍は船に引き揚げ、翌日にはいなくなっていた（文永の役）。

弘安4年（1281）、元は再び、高麗軍を主力とした東路軍約4万人と旧南宋の江南軍約10万人で日本に襲来。文永の役で戦い方を学んだ日本軍は防塁などを備え、今度は元軍を上陸させなかった。しかも元軍の艦船隊を暴風が襲った。元軍は壊滅し、日本側の勝利に終わった（弘安の役）。

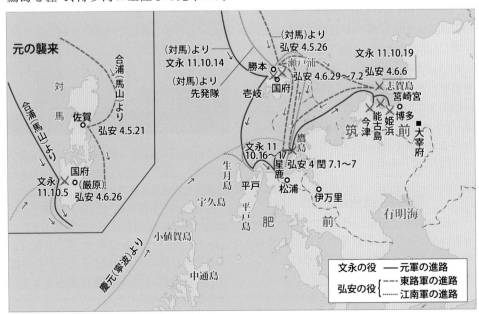

元の襲来

文永の役 ——元軍の進路
弘安の役 {----東路軍の進路 ……江南軍の進路}

『蒙古襲来絵詞』(部分)(九州大学附属図書館蔵)Ⓚ

『蒙古襲来絵詞』(部分)(九州大学附属図書館蔵)Ⓚ

元軍との戦いを語る足跡

　文永の役後、元軍の上陸を防ぐために、鎌倉幕府は博多湾沿いの石塁建設を松浦党ら西国の武士たちに命じた。さらに当番制で課していた異国警固番役を強化し、博多沿岸の警備に力を入れた。

　戦いの最前線だった対馬や壱岐、鷹島などの西の島々は2つの戦いの激戦地になり、多くの島民たちが犠牲となった。鷹島には凄惨な戦いを伝える「血くびのき浦」や「地獄谷」などの地名や、元寇にまつわる言い伝えが残っている。開田というところでは、鶏が鳴いたせいで隠れていた家族7人が元軍に見つかり惨殺されたと伝わる。そのため、この地域では鶏を飼わなくなったそうだ。

　鷹島は元寇終焉の地である。弘安4年閏7月1日、元軍約4400艘の大艦船隊が、博多への総攻撃を前に、鷹島沖の南側に集結していた。夜になって、暴風が吹き始め、船は次々と沈没し、元軍の一部は逃げ帰った。松浦党や九州各地の武士たちはこれを機に、鷹島に上陸した元軍を追いつめ、掃討戦を繰り広げた。この様子は『蒙古襲来絵詞』にも描かれている。鷹島の南側の2カ所の海底から、船同士がぶつかり合って沈んだとみられる破片や碇、武器などが大量に発見されている。

開田の七人塚(松浦市鷹島町)Ⓚ

鷹島の水中考古学探訪
海に沈んだ船が歴史を語る

鷹島/MAP14頁

元軍の大艦隊が沈んだ鷹島沖では海底遺跡の調査が進んでいる。この海底で発見された元軍の碇石は特有の構造を持ち、船の大きさや様子を解明する貴重な手がかりになっている。今、鷹島は水中考古学の注目スポットである。

鷹島

鷹島海底遺跡
（神崎地区）

鷹島海底遺跡
（床浪地区）

てつはう⒦

元軍のかぶと⒦

元軍の矢束⒦

管軍総把印レプリカ（上の出土品はすべて鷹島歴史民俗資料館蔵）⒦

元寇　最新の武器で戦う元軍

　元軍は珍しい武器を使い、日本と違う戦法で武士たちを戸惑わせた。鷹島の海底からは、元軍の武器が引き揚げられている。

　丸い砲弾のような石は石弾。文永の役の前年に南宋を攻撃した際、城壁を破壊するために投石機と石弾を用いたとされ、元寇の時もかなり大がかりな投石機を持ち込んでいた可能性があるという。

　『蒙古襲来絵詞』には弓矢やてつはうを使って戦う様子が描かれている。元軍の弓は命中度が高く、速射性に優れ、矢の先には毒がぬられていたという。てつはうは火薬を利用した武器で、鉄碗の炸裂する音や飛び散る火、煙に日本軍はなやまされたといわれる。

指揮官の印鑑「管軍総把印」

　昭和49年（1974）、鷹島の神崎海岸で「管軍総把印」と彫られた印鑑が発見された。印面にはパスパ文字*1が刻まれ、下士官クラスが所有していたと思われる。大きさは4.5cm四方、厚さ1.5cmの青銅製で、印鑑の横には、文永の役から3年後の1277年に鋳造されたことが刻まれている。

　*1　元の時代に創作された文字

鷹島型椗の碇石(鷹島歴史民俗資料館蔵)ⓚ

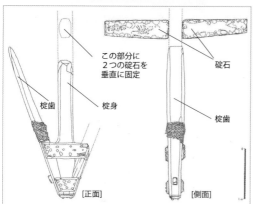

この部分に
2つの碇石を
垂直に固定

碇石

椗歯

椗身

椗歯

[正面]　[側面]

鷹島型椗の椗身(鷹島埋蔵文化財センター蔵)ⓚ

鷹島型碇石が語る元の事情

海底から大小の椗が大量に引き揚げられた。木材はアカガシで、年代を測定すると、元寇の時代と一致するという。これまでに発見されている最大の椗は破片から推定すると長さ7mを超え、その椗から船の大きさは全長約40m、幅約10mに及ぶと推測される。この規模の船の乗組員は約90人にのぼるとみられる。

これらの椗には珍しい特徴がある。当時の椗をみると、中心にある碇石は通常2、3m前後の1個を用いている。博多湾などで沈んだ交易船がそうである。しかし、鷹島沖で発見された碇石は1m前後の大きさがほとんど。これは椗身を挟む形で2個の碇石を配置したとみられ、「鷹島型碇石」と呼ばれる。

一説には短期間に大量の船を造り、同時に碇を多く必要としたため、製造方法を簡略化したものといわれている。

「木」へんの「いかり」

鷹島で発見された元軍の「いかり」は漢字を使い分けている。「石」へんの「碇」という漢字は石の部分に用い、全体を示すときは「木」へんの「椗」を使う。

木材部分は鷹島埋蔵文化財センターで脱塩処理され、乾燥して縮まないように特殊な液に約2年間浸す保存処理される。

最大の椗は平成21年(2009)から一般公開されている。

処理される船の木材
(鷹島埋蔵文化財センター蔵)ⓚ

新鮮な魚が食べたい！
鷹島と松浦を旅する

元寇終焉の地・鷹島や松浦党が活躍した松浦半島には、おいしい
海の幸がいっぱい。特産の養殖トラフグは生産量日本一を誇る。島の漁師のまかない
飯にヒントを得た海鮮丼「魚島来めし」も絶品。平成21年（2009）に開通した鷹島肥
前大橋を渡って、いざ鷹島へ。

鷹島モンゴル村 P15

白浜海水浴場
P15

松浦市立
鷹島歴史民俗資料館
P12-13、P62

松浦市立
鷹島埋蔵文化財センター
P12-13、P62

黒島

阿翁龍面庵

阿翁

鷹島肥前大橋 P15

鷹島海中ダム

鷹島

道の駅
「鷹ら島」

開田の七人塚
P12

青島

宝ノ浜

飛島

星鹿城山
伊万里湾の島々を
一望できる展望台 ⓚ

星鹿城山（刈萱城跡）

星鹿

松浦海のふるさと館

鷹島汽船

鷹島汽船

松浦党の大兜 P9
調川交通公園に出現
した巨大兜！ ⓚ

ぎぎが浜
海水浴場

松浦の旬アジ・
旬サバ
脂ののった旬の
季節にぜひ味わ
って！ P17

大崎海水浴場

電発松浦火力

松浦火力

福崎

松浦鉄道

にしこば

なかたびら

田代

木場

庄野

善福寺

宛陵寺

宗家松浦丹後守家累代の墓

不老山総合公園 P5

今宮神社

松浦市

長崎県

佐賀県

すえたちばな

えむかえしかまち

佐々県町江迎庵

たがいわ

吉井

立石

いのつき

佐世保市

上志佐の棚田

柚木川内

鷹島肥前大橋

佐賀県の唐津市肥前町と鷹島を結ぶ白い橋は2009年4月に開通。唐津市街地からわずか30分で、気軽に島のドライブを楽しめる。土産を買うなら、橋の出入り口の道の駅・鷹ら島をチェック! Ⓚ

モンゴル村

青い芝生が広がり、360度のオーシャンビューを楽しめる。モンゴル式のテント「ゲル」に宿泊し、家族や友達と一緒に異国体験できる。Ⓚ

白浜海水浴場

島の北部にある海水浴場は透明度抜群。遠くに浮かぶ島を望みながら、美しい砂浜でのんびり。島のリゾート気分を高めてくれる。Ⓜ

魚島来めし

島を訪れたら魚を食べよう! オススメは、その日に獲れた新鮮な地魚が数種類、熱々のご飯の上にのった海鮮丼。漁師の豪快なまかない料理をアレンジしたもので、少し甘めのタレをかけて召し上がれ。Ⓚ

フグ刺し

長崎県は養殖トラフグの生産量日本一。中でも鷹島は有名で、刺身や鍋、唐揚げと食べ方が豊富なフグ料理を安価に堪能できる。Ⓚ

自然散策の島
福島をゆく

かつて炭坑の島として栄えた福島は、豊かな自然が見所
だ。大地の創造に圧倒されながら草花を愛で、自然と人の営みを楽しむ。
土谷棚田は夕日を見る絶景ポイント。田んぼの四季折々の姿に全国からカメラ
マンたちが集まる。

椿は松浦市の花。
ヤブツバキの群生が有名。

椿の群生林
初崎公園展望所
鍋串
原
いろは島
国民宿舎
今山神社社厳
弁天島岩脈
土谷棚田
P17
七宮神社社厳
福寿寺のイロハモミジ P17
103
櫃崎岩脈
福島
大山
蛙鼻公園
大山展望台
城の越
国民宿舎
つばき荘
茶室調風亭
つばき
マリーナ
日ノ浦
松浦市立
福島歴史民俗資料館
尊光寺のマキ
イマリンビーチ
飯盛山
平野連痕群
平野
煤屋
石油ガス
備蓄基地

たびナガ
CHECK!

土谷棚田

夕景の美しさに心を奪われる。海に面した棚田は田んぼの水に映る月、田植え、収穫
と四季に合わせて、色とりどりの表情をのぞかせる。収穫される米も賞味あれ。Ⓜ

クルマエビ

クルマエビの養殖が盛ん
で、秋から2月ぐらいまで
がシーズン。プリプリの身
は活き造りでも天ぷらで
も、おいしく頂ける。Ⓕ

福寿寺のイロハモミジ

福寿寺のイロハモミジは高さ14mもある巨木で、秋には紅葉
が美しい。裏手にある七宮神社からは、伊万里湾に浮かぶ大
小の無人島・いろは島の眺めが最高。Ⓕ

松浦の旬アジ・旬サバ

松浦のアジ、サバの漁獲
量は日本屈指。松浦を
代表するブランド魚の
「旬アジ」の食べごろは
4月から8月ごろ、「旬サ
バ」は10月から2月ごろ
で、脂ののった鮮魚を味
わえる。Ⓢ

元寇の遺物の"言葉"をつたえる

山下寿子さん（元 松浦市立鷹島歴史民俗資料館学芸員）

松浦市立鷹島歴史民俗資料館で学芸員として、来館者に案内を
している山下寿子さん。流暢な話しぶりと分かりやすい説明、
そして明るい人柄が"名物"となっている。元寇の遺物が残る鷹島で伝えたい
ことについて、山下さんに尋ねた。

プロフィール

鷹島町出身。
旧鷹島町職員で約17年、資料館に勤務し、故郷
の歴史にふれる。
2005年（平成17）に学芸員の資格を取得した。

Q 鷹島肥前大橋が開通し、資料館は島の目玉になっていると思う。どんなことを伝えたいか。

平成20年度の来館者は年間3000人程度だったが、橋が開通してから約1年間で約5万2000人と一気に増えた。2、3度訪れるリピーターが多いようなので、遺物の展示を定期的に変えるようにしている。

元軍が日本を攻め、大風に遭い、元軍の大部分の軍船が沈没したといわれている。その歴史は絵巻物や書物に残っているが、その事実を裏付ける資料が実際に鷹島の海底から発見された。

資料館ではその遺物を展示しており、来館者の方々に遺物を見ていただきながら、説明するようにしている。実物を前に元寇の話をすることで、理解が深まっているようだ。逆にただ見るだけではなかなか分からないことも、少し説明をくわえてあげることで、見学される方たちは納得し、理解を深めてくれる。地元の人たちにもこうした展示物や島の歴史などを学んで、鷹島を訪れた人たちに伝えてほしい。

Q 資料館の見所は?

全部と言いたいが、強いて言えば木製の3号大碇。木製の碇と碇石重さ160.5キログラム、碇石重さ174.5キログラム合わせると約1トンあり、当時大きな碇をつくる技術があったことに驚かされる。

以前、子どもたちを案内したとき、1トンの碇をどのようにして船に運び込んだのかという質問を受けたことがある。意外な質問だったので、私の勝手な見方で「推測の域を出ないが、船に木材と石材をバラバラの状態で持ち込み、組み立てたのではないか」などと話した。実際に遺物を見て大きさなどを実感すると、面白い視点が出てくることに気付かされた。この資料館は、教科書に出てくる元寇という歴史の遺物を実際に見て、学習できる場だと思っている。本物を見ながら、いろいろと想像することができ、ロマンがあると思う。

元の船の隔壁板。船の規模が浮かび上がる(鷹島埋蔵文化財センター蔵)ⓚ

Q 実際に引き揚げられた木片などはどんな処理をするのか?

木片は脱塩処理をした後に、PEG(ポリエチレングリコール)といわれる溶液に浸して、木材の水分と入れ替える。PEGは通常ロウ状の固形だが、60度で溶ける性質を持っているので、木材は温度を保った保存処理装置の中に徐々に濃度を高めていき、最終的には木材の中の水分を100%近いPEGに置き換えて木材の形を維持する。

Q 遺跡や遺物からどんなことが分かったか。

桛や船の隔壁板とみられる木片約5．5メートル、復元すると6メートルになる。それから船の大きさを推測することができた。当時の日本の船は、隔壁板を使う構造ではなかった。一方、中国の船は絵巻物にも描かれており、隔壁板を使う構造だったことは明らかである。帆を立てるほぞ穴が開けられた木片も発見され

ている。

また、桛を見てみると、木材を使い分けしている。桛身にはアカガシのように硬いものを使っているが、桛の先端の挟み板には柔らかな木材のクスノキを使用している。挟み板は桛を固定するためのものなので、柔らかな木材を使ったとみられる。そんな木材が700年もの間、海中にほぼ完全な形で残っていたのは奇跡に近い。虫に食われるなどの被害を免れたのは、暴風に備えるため、海底の泥の中に桛の爪の部分をしっかり食い込ませていたおかげではないかと思われる。

鷹島の南岸東側の干上鼻り西側の雷岬までの延長7.5キロメートル、汀線より沖合約200メートルに至る約150万平方メートルの範囲が、元寇関係遺物を包蔵する「周知の遺跡」として登録されているが、まだまだ多くの遺物が海底に眠っていると思われる。今後の調査に期待している。九州国立博物館や長崎県内の資料館や博物館とさらに連携して調査研究を進め、同時に情報を発信していきたい。

貿易の物語

交易で潤う国際貿易都市 平戸
中国・西洋への窓口

写真解説 **平戸瀬戸に建つ常夜灯**（平戸市崎方町）Ⓜ
船の往来を見守る灯台。海外交流の窓口だった。

長い航海を終えて、港に入ってくる外国船を
温かく迎えた常夜灯。
その側で、オランダ商館が日本との
貿易の礎をしっかりと築いた。
現在、その倉庫が復元され、
往時の姿が現代によみがえろうとしている。

西洋に開かれる以前、平戸は中国など東洋との絆も深く、
アジアの貿易拠点であった。
外国人たちとの密な交流の足跡が平戸島には残る。
国際色豊かな街は、
海外の新しい情報や知識に敏感で、
それらを寛容に受け入れた。
その交易の証を探しに平戸を旅する。

参考 文献

『県史42 長崎県の歴史』(山川出版社)
『長崎県史 古代・中世編』(吉川弘文館)
『史料で読む長崎県の歴史』外山幹夫 (清文堂)
『平戸市史』
『媽祖に関する調査研究報告書』(長崎県)
『平戸和蘭商館跡の発掘Ⅲ 鄭成功居宅跡の発掘』(平戸市文化協会)

写真 撮影・提供

Ⓜ：松尾順造
Ⓚ：崎陽舎
ⓜ：松浦史料博物館 提供
Ⓗ：平戸市教育委員会文化遺産課 提供

海を舞台に活動した倭寇と王直

平戸/MAP30頁

14世紀から16世紀にかけて、日本や中国、朝鮮半島の人々は海を舞台に活発に動いた。中には人々を脅かす「倭寇」という存在も現れた。後期倭寇の頭目として活動した中国人の王直は、平戸を拠点に松浦の武士たちと密貿易を展開した。

倭寇の始まり

元寇後、元とともに軍を構成した高麗の国力が低下して、国防がおろそかになると、倭寇の活動が激化。朝鮮半島の内陸部までその脅威は及んだ。

14世紀ごろの倭寇は「三島倭寇」と呼ばれ、対馬、壱岐、松浦地方を本拠地としていた。一帯の土地はやせ、農業に適していなかったことも活動の範囲を広げた原因の一つとされ、松浦党の一部も倭寇として恐れられた。

1392年に成立した朝鮮は、室町幕府に倭寇の取り締まりを要請。一方で、倭寇に朝鮮への定住や帰化を奨励する懐柔策を取るなどして、一時勢力を鎮めた。

遣明船

倭寇図巻〔東京大学史料編纂所蔵〕

22

王直像(平戸市崎方町)

平戸港

王直の居宅跡(平戸市木引田町)

一元化する明との交易

　朝鮮は宗氏(対馬)や松浦党のような地方の有力者たちとの商業的な交易を主にしていた。一方、明は国家間の一元化された関係を結び、民衆が許可なく外洋に出ることを禁ずる海禁政策を取った。

　室町幕府は倭寇対策として、使者を乗せた遣明船を応永8年(1401)から約150年間にわたって派遣。勘合符を持った船にのみ交易を認めた。遣明船は兵庫や博多を出港し、平戸にも立ち寄った。このとき幕府は、松浦党にも警備を命じることで、その自由な活動を封じ込め、航行の安全を確保した。

　16世紀になると、海禁を破って密貿易を行う明の商人や日本の有力者が増え始めた。取り締まりの目を避けるため、活動範囲は東南アジアにまで及ぶ。その頂点に君臨したのが中国安徽省出身の王直だった。

平戸に招かれた王直

　王直は別の名を「五峰」という。平戸を領地としていた松浦隆信(道可)の庇護を受け、天文11年(1542)、領内に居宅(木引田町)を与えられた。部下は数千人ともいわれる。中国との交流を物語るとされる六角井戸が鏡川町に残っている。

　戦国時代を生きる日本の領主たちは領地を守るために財力や兵力を蓄えなければならなかった。そうした中、王直は利益を生む密貿易の仲介という立場で信頼を得て、"ビジネス"の成功をつかんだ。種子島に鉄砲が伝来した際にもひと役買って、武器を調達したといわれる。また、天文19年(1550)、平戸に初めて入港したポルトガル船を導いたのも王直とされる。平戸のほかに、五島の福江島にも拠点を持ち、海を駆け巡った。

海の守り神
媽祖は中国との交流の証

平戸/MAP30頁

海を渡るとき、中国船は航海安全を祈願して一体の女神、媽祖像を携えた。
多くの中国人が海を行き来した証として、平戸には媽祖像が残っている。

媽祖行列の様子。右から3番目の人が媽祖像を抱えている 『唐館図絵巻』(部分)(長崎歴史文化博物館蔵)

中国に残る媽祖伝説

　媽祖は航海の安全を守る女神である。中国福建省や台湾、マカオなどでは特に信仰が厚い。信仰は宋の時代、福建省中部沿岸の莆田地方の民間信仰の一つとして生まれた。起源としては、湄洲島に実在した女性が伝説によって死後に神格化されたという説が一般的である。もともとは水害や干ばつなどの災いから守ってくれる神だったが、莆田地方には船乗りが多かったため、航海安全の神として崇められるようになったようだ。

　一地方の民間信仰は、いつしか国家的な信仰にまで発展した。明の時代、インド洋からアフリカ沿岸に遠征した鄭和が、媽祖

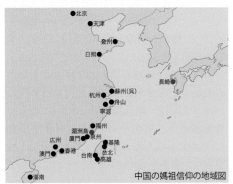

中国の媽祖信仰の地域図

のおかげで海難を逃れたと報告し、皇帝が扁額を下賜したことがきっかけだった。こうして皇帝の後ろ盾によって媽祖信仰は中国に広がり、貿易などでさらにアジア各地へ拡大した。皇帝から賜った号にちなみ「天后」や「天上聖母」などとも呼ばれている。

観音堂の媽祖像(中央)。左は千里眼、右は順風耳。

薬師堂の媽祖像1

薬師堂の媽祖像2

最教寺の媽祖像1

最教寺の媽祖像2

平戸に現存する媽祖像

中国船が出入りしていた長崎県内には媽祖像が多く残っている。最も多いのは長崎、次いで平戸。

平戸では、現在5体の媽祖像が確認されており、中国との交流を物語る貴重な像である。大きさは20～30cmで、船に載せるためのものとみられる。船から揚げられた媽祖像を安置する媽祖堂は確認されていない。川内観音堂(平戸市川内町)に安置されている媽祖像は、2体のお供の神様、順風耳と千里眼とともに「御三体様」と呼ばれ、観音像の裏に祀られていた。いまも地元の人々に大切に受け継がれている。

これらの媽祖像は、手に笏を持ち椅子に座っている。容姿は時代とともに変化してきたと考えられる。神格化が進むにつれ、高貴な女性の髪飾り、さらには皇帝のようなべん冠を頭に載せるようになったようだ。冠には鳳凰や九龍などが装飾され、バリエーションも豊富である。

「国性爺合戦」のヒーロー 鄭成功は平戸生まれ

平戸/MAP30頁

人形浄瑠璃作家・近松門左衛門が書いた「国性爺合戦」に登場する英雄のモデルは、鄭成功（ていせいこう）である。明国の復権を信じて台湾を拠点として戦ったことから、台湾で根強い人気がある。そのルーツは、平戸にあった。

鄭成功廟（平戸市川内町、丸山公園）⑧

母親は日本人　平戸生まれ

鄭成功は寛永元年(1624)、平戸の川内で生まれた。懐妊中の母親が千里浜に貝拾いに行った際、産気づいたため、岩にしがみついて出産したという伝説がある。平戸では「児誕石」（じたんせき）、別名「子持ち岩」と呼ばれ、崇められている。父親は中国人の鄭芝龍（ていしりゅう）で、貿易で海を行き来しながら、自ら兵を持ち、福建省付近で一大勢力を誇った人物だった。

当時の中国大陸の情勢は、明が南に追いやられて、新たに清が台頭していた。鄭芝龍らは明の皇帝を擁立して亡命政権を樹立し、再興の機会をうかがっていた。

7歳まで平戸・川内浦の喜相院（きぞういん）境内の居宅で育った鄭成功は、父の招きで中国に渡っ

川内千里浜の児誕石（平戸市川内町）Ⓜ

た。22歳のとき、福建で明の皇帝に謁見し、国姓（明の皇帝の姓）の「朱」を賜った。

明の滅亡と同時に台湾に渡り挙兵。台湾を拠点にして、再び明を復活させようと清と戦ったが、わずか39歳の若さで病死した。

鄭成功像
(平戸市川内町、丸山公園)Ⓜ

金刀比羅神社にあるナギの木(平戸市川内町)Ⓚ

象紐銅印
(松浦史料博物館蔵)Ⓜ

鄭氏の足跡をたどる

　鄭氏が平戸に遺したゆかりのものと伝えられる香炉と象紐銅印(ぞうちゅうどういん)がある。

　香炉は銅製で、縁部分に雷文帯(らいもんたい)を配した蓋のない平盆になっている。

　象紐銅印は鄭成功の父・鄭芝龍が親交のあった平戸藩臣に贈ったものといわれる。印の紐部分に象の背で遊ぶ2人の子どもの装飾がほどこされ、高さは4.5cm。

　また、鄭氏の居宅跡には鄭成功が植えたと伝わる樹齢350年以上のナギの木がある。居宅周辺は発掘調査が行われ、中国製の陶磁器なども出土しており、中国との深い交流を物語っている。

近松門左衛門
　江戸時代の人形浄瑠璃作家で、代表作品に「国性爺合戦」「曾根崎心中」などがある。「国性爺合戦」は鄭成功にまつわる史実を脚色し、ドラマチックに仕立て上げられている。江戸時代に人気を呼んだ。

平戸で開かれる生誕祭
　鄭成功の誕生日にちなんで、毎年7月14日、川内にある廟では生誕祭が開かれる。神事が執り行われ、平戸ジャンガラなどの伝統芸能も披露。台湾などからも人々が訪れ、時代を超えた英雄をしのぶ。

日本初 西洋の商館
オランダとイギリスの拠点

平戸/MAP30頁

400年前、日本で初めて西洋の商館が平戸に誕生し、オランダとイギリスの貿易の拠点となった。しかし鎖国政策の中、平戸オランダ商館は取り壊され、その機能を長崎の出島に移した。今、時を超えて、再びその姿をよみがえらせようとしている。

西洋を平戸に招く

16世紀、大航海時代を迎えた西洋諸国は、大海原へ繰り出した。

中でもポルトガル船はひと足早く日本を訪れた。天文19年(1550)、ポルトガル船が平戸に入港。中国の貿易商人・王直が手引きしたともいわれ、平戸の領主・松浦隆信(道可)は南蛮貿易を歓迎した。しかし、永禄4年(1561)、平戸で商取引をめぐってポルトガル人と日本人の殺傷事件(宮の前事件)が発生。関係が悪化し、翌年には南蛮貿易の拠点は横瀬浦(現在の西海市)に移された。

日本では慶長8年(1603)、徳川家康が江戸幕府を開き、藩という単位で領土支配を確立させ、地方の貿易をも統制するようになった。平戸松浦氏も平戸藩として認められる一方で、自由な貿易は制限された。

慶長14年(1609)、オランダ船が平戸に入港。幕府は朱印状を与え、貿易を許可した。オランダは日本初の商館を平戸に置いた。当初は土蔵がついた借家だったが、東アジアでの貿易拠点として取引量が増えるに伴って、施設も拡大整備。寛永16年(1639)には平戸瀬戸の入り口に大型の石造倉庫を建築するまでになった。

オランダに次いで、慶長18年(1613)、イギリス船が交易を求めて、平戸にやってきた。中国の貿易商人・李旦の屋敷を借りて、商館にしたとされる。しかし、わずか10年でイギリス商館は閉鎖。

オランダ商館は、キリスト教取り締まり強化の中、寛永17年(1640)に破却を命じられる。鎖国政策によって、翌年にはオランダ人も商館も長崎の出島へ移転となった。

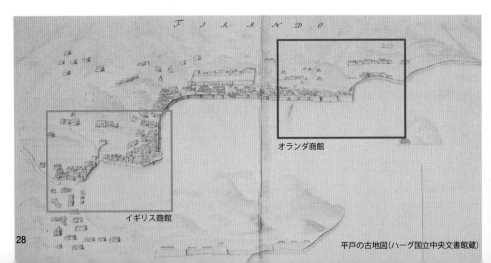

オランダ商館

イギリス商館

平戸の古地図(ハーグ国立中央文書館蔵)

平戸オランダ商館跡から出土した陶磁器類（平戸市教育委員会蔵）Ⓗ

復元された平戸オランダ商館1639年築造倉庫

平戸オランダ商館跡遺構（平戸市崎方町）Ⓗ

古銭

レンガ

復元　平戸オランダ商館

　昭和62年（1987）から平戸オランダ商館跡の発掘調査が行われ、オランダ商館時代のものとみられる塀や石垣、井戸、レンガなどの遺構が発見され、その実像が明らかになった。これらの発掘成果や文献をもとに、寛永16年（1639）建設のオランダ商館倉庫が復元され、平成23年（2011）9月にオープン。日本と西洋が融合した建物が現代に甦る。壁は石材、屋根には日本瓦を使用し、外観はオランダ風だ。復元工事着工の際、、最初の石が南西の隅に

パイプ

平戸オランダ商館跡から出土した遺物（平戸市教育委員会蔵）Ⓗ

据えられたが、これは当時のオランダ商館長の日記にならったもの。商館を建てる際、最初の石を建物に据えるオランダの伝統的な竣工式（エールステ・ステイン・レヒン）が執り行われたことが記されている。

平戸のオランダと イギリスを探せ

17世紀前半、オランダとイギリスとの交易で栄えた平戸。オランダ商館が出島に移った後も、藩主や平戸の人たちはその足跡を大切に後世に引き継いでくれた。江戸時代前期の西洋との交流を示す塀や埠頭などが当時の息遣いを今に伝える。

オランダ井戸

オランダ人たちが使っていたとされる井戸。周りの石塀が風情を醸し出す。®

三浦按針の墓

三浦按針ことイギリス人のウィリアム・アダムスは、オランダ船リーフデ号で日本に漂着。徳川家康に外交顧問として重用され、また平戸を拠点に朱印船貿易を行った。平戸で没した。®

地図内の表記:
- 三浦按針の墓●
- 松浦史料博物館 P62
- オランダ塀 P31
- 平戸オランダ商館跡 P28-29
- 崎方公園
- 日蘭親交記念碑●
- 常燈の鼻 P20-21
- 崎方町
- オランダ井戸
- P30
- オランダ埠頭 P31
- 平戸港交流広場
- 浦の町
- 石積みのオランダ壁 P31
- ポルトガル船入港碑● P28
- 鏡川町
- 宮の町
- 平戸城
- 王直屋敷・天門寺跡●
- 外国貿易船錨遺唐使船碇 P31
- 幸橋 P31
- イギリス商館記念碑●
- 善福寺●
- 三浦按針終焉の地●
- 按針の館●
- 紺屋町
- 水引田町
- コックスの甘藷畑
- 鄭成功児誕石 P26-27
- オランダ商館倉庫跡
- 鄭成功廟 P26-27

下の地図内の表記:
- ▲白嶽
- 田助 大久保町
- 田助町
- 藩庁
- 平戸大橋
- 釜江町
- 生月大橋
- 半元 下中野町
- 19
- 白石
- 田内町 383
- 川内町 千里浜
- 岩の上町
- ▲安満岳
- 高越町
- 山中町
- 19

たびナガ
CHECK!

オランダ埠頭

オランダ人たちが船から荷揚げする際に使ったとされる埠頭。オランダ商館の敷地の前にあり、ここが輸入や輸出の品々の玄関口だった。一段一段が少し高め。大きな体格のオランダ人たちにとっては、普通の高さだったのかも。Ⓚ

幸橋

元禄15年(1702)、オランダの石造倉庫の技術が用いられてアーチ状の石橋が架けられ、別名「オランダ橋」と呼ばれた。もともとは木橋で、平戸城に続く門前橋だった。Ⓚ

石積みのオランダ壁

海産物屋の中に、約400年前の玄武岩を板状に重ねた石積みの壁が残っている。高さ約3m、厚さ約65cmの壁は平戸オランダ商館との境だった可能性も。司馬遼太郎の著書『街道をゆく』にも登場する。Ⓚ

オランダ塀

江戸時代前期のオランダと日本の"国境"を発見！オランダ商館は塀で区切られ、外から見えないようになっていたそうだ。Ⓜ

オランダ船の錨

昭和27年(1952)、川内の港から鉄製の錨が発見された。これより遡ること170年前、同じように川内の海中からオランダ船の錨が引き揚げられ、当時の藩主・松浦清は絵を残した。錨は現在、松浦史料博物館に展示。この2つの錨はよく似た形状で、17世紀のオランダ船のものと伝えられる。Ⓚ

31

文化の物語

平戸松浦藩の武家文化
華開く西の都へ

写真
解説
三川内焼の茶碗と烏羽玉の和菓子（平戸市鏡川町）ⓚ
鎮信流のお点前を、松浦史料博物館の敷地内にある茶室閑雲亭で静かに頂く。

平戸藩藩主が茶の湯をたしなんだ閑静な茶室閑雲亭。
小鳥のさえずりを聞きながら、
かつて藩主が考え出した銘菓・烏羽玉を味わい、
三川内焼のお茶碗で一服。
心豊かに過ごせる空間がそこにある。

平戸の文化は格調高く、優雅に薫る。
中国から茶が伝来し、独自の武家茶道「鎮信流」が華開いた。
砂糖をふんだんに使った贅沢な和菓子文化が発達し、
西洋に絶賛された白磁、三川内焼もここから生まれた。
まさに平戸は西の都だったのである。

平戸を治めた歴代藩主は知識人たちと交流を持ち、
好学の家柄だった。
文化を重んじ、はぐくむ姿は郷土への
深い愛に満ちあふれている。

参考文献
『県史42　長崎県の歴史』（山川出版社）
『長崎県史　古代・中世編』（吉川弘文館）
『史料で読む長崎県の歴史』外山幹夫（清文堂）
『平戸市史』
『三川内青華の世界』（佐世保市教育委員会）

写真撮影・提供
Ⓜ：松尾順造
Ⓚ：崎陽舎
ⓜ：松浦史料博物館　提供
Ⓢ：佐世保市教育委員会社会教育課　提供
Ⓦ：三川内陶磁器工業協同組合　提供

「茶」伝来の地 独自に開花した武家茶道 鎮信流

平戸/MAP40頁

臨済宗の開祖・栄西は、平戸に茶の種をまいたと伝えられる。また、平戸藩主によって独自の鎮信流もこの地に開花した。平戸の茶文化にふれる。

栄西の肖像画（建仁寺蔵）

栄西がもたらした喫茶

建久2年（1191）、宋に渡った栄西は帰国後、平戸の葦ヶ浦（現在の古江湾）に立ち寄った。冨春庵という小さな庵で弟子十数人とともに日本で初めての座禅修行をしたという。栄西はこの地に、中国大陸から持ち帰った茶の種をまいたとも言い伝えられる。

茶を飲む習慣は飛鳥・奈良時代から既に日本にあったが、上流階級のみに留まっていた。京都に建仁寺を開山した栄西は建保2年（1214）、『喫茶養生記』という著書で茶の効能を説き、その後の普及に大きく影響を与えた。座禅の際、お茶を飲んで眠気を覚ます茶礼は修行に必要なものとされ、禅と茶が深く関わり、後に茶道の大成へと通じていく。

独自の武家茶道 鎮信流

平戸には武家の流儀を重んじた茶道の流派がある。4代藩主の松浦鎮信（天祥）が開いた鎮信流である。

16世紀末、茶の湯は千利休によって大成され、子孫や利休に師事した武士たちによって、さまざまな流派が生まれた。鎮信流もその流れをくみ、武家茶道らしい所作がみられる。

開祖の松浦鎮信は晩年、片桐石州に師事。石州流をもとに各流派の長所を取り入れ、一派を新しく立ち上げたと、『茶湯由来記』に著している。

流儀は「文武両道」を重んじ、生死を超越した武士道を貫く武家の精神を基に、茶道を心を磨く修行の場としている。その精神は歴代藩主に受け継がれ、今も生きている。

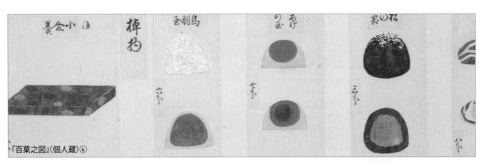
『百菓之図』（個人蔵）ⓚ

『百菓之図』(個人蔵)

松浦鎮信(天祥)像(松浦史料博物館蔵)

閑雲亭(平戸市鏡川町)

「百菓之図」にみる食の豊かさ

　寛政4年(1792)、平戸城下には菓子屋が31軒もあり、魚屋の次に多かったという。当時、貴重な砂糖を大量に入手できた地域ならではの、豊かな食文化を象徴している。

　天保12年(1841)、10代藩主・松浦熙は平戸の食文化を広めようと、100の菓子の選定を始めた。約4年の歳月をかけて、菓子の絵と作り方を図本『百菓之図』にまとめた。このお菓子の"レシピ本"には、平戸の銘菓カスドースや烏羽玉、牛蒡餅などが掲載されている。図本は4つ制作され、巻物1巻を家(奥膳所)に、草稿として書かれたものを手元に、さらに2つは蔦屋と堺屋の御用菓子司の2軒に渡された。

鎮信流のお茶をどうぞ

松浦史料博物館の敷地内にある茶室閑雲亭では、鎮信流の茶道体験ができる。茶室の清掃から始まり、畳の歩き方や武家茶道らしい挨拶の仕方などを約3時間にわたって体験。1回5〜10人まで。料金は1200円。完全予約制で、申込は体験日の1週間前まで。茶室では呈茶(菓子付き)もしている。大人500円、高校生以下400円。圖松浦史料博物館(☎0950-22-2236)

朝鮮半島から渡った陶工たち
平戸藩のやきもの

MAP1頁・40頁

平戸の安満岳（やすまんだけ）のふもとに中野焼（なかのやき）の窯跡がある。のちの三川内焼（みかわちやき）のルーツのひとつである。今、三川内（佐世保市）では江戸時代の優れた技術を復活させる新しい取り組みも動き始めている。

江戸前期のころとみられる平戸焼（伝中野焼）
（佐世保市教育委員会蔵）⑤

松浦鎮信（法印）の肖像
（松浦史料博物館蔵）ⓜ

ルーツは朝鮮　幻の中野焼

　16世紀、千利休が茶の湯を大成させ、武家の間で茶道が流行した。中国や朝鮮からもたらされる茶陶が「唐物（からもの）」「高麗物（こうらいもの）」と呼ばれ、珍重された。そのため、朝鮮半島に出兵した領主たちは、多くの陶工たちを日本に連れて帰った。

　慶長3年（1598）、平戸藩の初代藩主・松浦鎮信（法印）も朝鮮半島から巨関（こせき）ら陶工を平戸に連れ帰り、やがて彼らは平戸島北部の中野地区の紙漉（かみすき）に窯を築いた。中野焼の始まりである。一般的に中野焼といわれる焼物は、陶器に白化粧を施した地に呉須（ごす）で絵

を描いたものと考えられているが、実際には窯跡から出土例がなく、伝世品を特定できない。

純白の美を追求した三川内焼

　中野地区は良い陶石に恵まれなかったが、寛永3年（1626）、針尾島で網代陶石（あじろ）が発見され、平戸藩でも白磁焼成が本格化。翌年に三川内の皿山に役所を置き、寛永20年（1643）には木原と江永に出張所も設けた。白地に藍色染付の製法を研究していた今村三之丞（いまむらさんのじょう）（巨関の子）が皿山棟梁兼代官に任じられ、中野の陶

染付と細工ものの水指(佐世保市教育委員会蔵)⑤

透彫の技が光る江戸後期の瓶
(佐世保市教育委員会蔵)⑤

江戸前期のころとみられる
平戸焼の唐子(佐世保市教育委員会蔵)⑤

工たちの多くが白い土を求めて三川内へと移った。

平戸藩の御用窯が置かれた三川内において、高度な技術をもった陶工たちは保護され、さらなる「美」を生み出す技術を追求することができた。三之丞の子・弥次兵衛は天草陶石を取り入れて、純白で繊細な技術と芸術性の確立に尽力した。三川内で焼かれた白磁の器は平戸藩を代表する焼物として「平戸焼」と呼ばれ、1830年代にはオランダに輸出されるようになった。

明治時代になって藩のバックアップを失うと一時衰退し、各窯元は厳しい経営を強いられたが、平戸焼は万国博覧会などに出品され、そのつややかな純白の薄い肌は世界に絶賛された。明治32年(1899)に意匠伝習所を創設。優れた伝統の技術を若い陶工に伝えつつ、新しいデザインを積極的に取り入れた。今もなお、その技術は生き続けている。

染付、卵殻磁器…広がる作風

三川内焼の作風は中国景徳鎮の技法を巧みに取り入れ、染付、置上*1、細工もの、透彫など幅が広い。

繁栄と幸福の象徴である「唐子」が描かれた染付は、三川内焼を代表する図柄の一つである。唐子の人数は古来から縁起が良いとされてきた三、五、七の奇数で、宮中や将軍家への献上品は七人といわれる。三川内焼の絵付けは主に筆で描かれ、多いときは20本の筆で濃淡を出し立体的に表現される。

また、卵の殻のように薄い白磁の製品も作風の一つになった。「薄胎」「卵殻磁器」とよばれる技術で、天保8年(1837)、池田安次郎が初めて製作したといわれる。厚さ1ミリほどの器は主に輸出用のコーヒー碗としてつくられた。時代とともに繊細な技術は洗練され、光を通すほどの華奢な器は多くの人たちを魅了している。

これらの三川内焼の伝統的技法は現在、三川内の名工たちによって再現され、注目を集めている。窯元では置上などの江戸時代の技術を追求しつつも、現代生活に取り入れやすくした開発に取り組んでいる。

NEO-MIKAWACHIの酒盃ⓦ

*1　生地と同じ粘土を筆で塗り重ね、立体的に装飾を施す。

文化創造のパイオニア 平戸歴代藩主たちの文化行政

平戸/MAP40頁

「ねずみ小僧」などのネタ本となった『甲子夜話』(かっしやわ)を執筆した平戸藩9代藩主・松浦清。平戸松浦家は文武両道を重んじ、好学の家系だった。その気質は脈々と受け継がれ、歴代藩主たちは文学や書、美術、学問に精通し、文化人との交流も盛んだった。

『三勇像』。右端が松浦清(松浦史料博物館蔵)®

豹の図 『甲子夜話』より(松浦史料博物館蔵)®

山鹿素行と親交があった鎮信

　4代藩主・松浦鎮信(天祥)は文武両道に精進していた。関ヶ原の戦いや大坂の陣など、戦国時代から江戸時代にかけての武将たちの勲功をまとめた『武功雑記』(ぶこうざっき)は歴史的に評価が高い。

　鎮信は、江戸時代前期の儒学者(じゅがくしゃ)・山鹿素行(やまがそこう)に師事し、親交が深かったとされ、素行の孫を平戸に招いて、私塾「積徳堂」を開かせた。江戸時代中期に再建された平戸城*¹の縄張りには、山鹿流兵学が用いられている。

　幕末、多くの志士を育てた吉田松陰(よしだしょういん)は山鹿流兵学を学ぶため、平戸に遊学している。

ネタ本『甲子夜話』を著した清

　江戸時代を代表する随筆集『甲子夜話』は9代藩主・清(静山)(せいざん)が記した大作である。江戸で隠居していた文政4年(1821)11月17日、清は若いころから交流のあった儒学者・林述斎(はやしじゅっさい)の勧めで、これまでの知識や文化、庶民の生活などの記録を残すことを決意し、その

　*1　のちに初代藩主となる鎮信(法印)によって、安土桃山時代末期に築かれた平戸城は焼失していた。

寛政5年ヲロシャ一件の図 『甲子夜話』より（松浦史料博物館蔵）⑩

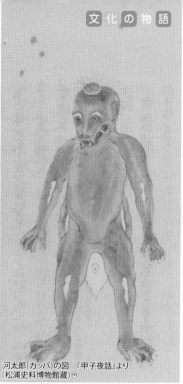

河太郎（カッパ）の図 『甲子夜話』より
（松浦史料博物館蔵）⑩

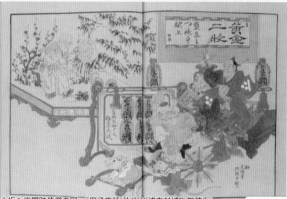

大坂へ京門跡使僧の図 『甲子夜話』より（松浦史料博物館蔵）⑩

夜から、筆を執った。「甲」「子」の日の夜に書き始めたので『甲子夜話』と名付けられた。江戸時代後期の政治や外交問題、民衆の暮らし、風俗などジャンルはさまざまで、正編100巻、続編100巻、三編78巻にのぼる。実在したねずみ小僧の話なども取り上げ、時代劇や時代小説のネタ本として注目されてきた。

　若いころから好奇心旺盛だった清は、当時最先端だった西洋の科学や医学などに精通し、「蘭癖」*2 と呼ばれる大名の一人として、海外などから書物を収集していた。その膨大で幅広いコレクションは博物学の先駆けとなっている。

　また、現役のときは政治家としての手腕も発揮。藩主となったころ、藩の財政は窮乏していたが、経費節減や組織の効率化、身分にとらわれない有能な人材の登用など、藩政改革を促進した。安永8年（1779）には、藩校「維新館」をつくり、積極的に人材の育成に努めた。

「100」にこだわった熙

　10代藩主・熙の好学も父・清に負けていなかった。父の偉業である『甲子夜話』を製本し、保管した。熙の功績からは、「100」という数字にこだわっていたことが読み取れる。製本した『甲子夜話』も正編と続編ともに100巻。平戸名物をつくるために100の和菓子を選定して『百菓之図』（35頁参照）をつくったほか、能を100曲選んでまとめている。

　文化13年（1816）、熙の別邸としてつくられた梅ヶ谷津偕楽園（41頁参照）は、九十九島を見渡すことができる風光明媚な場所である。約1万平方メートルの庭園があり、梅の木が多く植えられているので、梅屋敷とも呼ばれた。文学や書、美術などを愛好した熙は文人たちを集めて、茶の湯などを楽しんだとされる。平戸城内の棲霞園も熙の別邸だった。御花畑とも呼ばれる庭園は文政12年（1829）に整備され、平戸の名園の一つになっている。

*2　江戸時代、西洋の学問や習俗に傾注した人々を指す。

武家文化の香り
平戸城下を訪ねる

平戸の武家文化を探しに城下散策へ出かけてみよう。
ヒラドツツジの植栽が美しい武家屋敷など、風情を残した街並みが残っている。
また槙を剪定して生け垣をつくるのも平戸流。

槙の生け垣

平戸市や松浦市には槙の生け垣が多く見られる。城下の屋敷が集まる大手門通り近くには槙並木の道も。

松浦史料博物館 P62

閑雲亭 P32-35

崎方公園

崎方町

歴史の道

平戸温泉うで湯・あし湯

吉田松陰宿泊紙屋跡 P38

鏡川町　宮の町

幸橋

平戸城 P38、P41

亀岡公園

岩の上町

田町　錦地町

⑳

平戸城

冨春庵跡 P34
冨春園

⑲
中野大久保
川内

借楽園 P39、P41

平戸大橋

中野窯跡 P36
山中

㊳
水垂

平戸市　深川

平戸島
㉖㊳ 紐差　木場

赤松　木ケ津

熊澤三朗氏居宅跡 P41

内野家住宅（個人宅）　積徳堂跡 P38

大曲家住宅 P41（個人宅）

平戸城（亀岡城）

平戸瀬戸に張り出した小高い丘につくられた平山城で、別名「亀岡城」。入り口に屈折を多用した山鹿流兵学の特徴がみられる。廃藩置県によって解体されたが、北虎口門と狸櫓は江戸時代の遺構。狸櫓は床下に命乞いした狸の一族を住まわせたことからそう呼ばれる。現在の天守閣は昭和37年（1962）に復元ⓚ

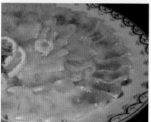

ヒラメ

全国でも有数の漁獲量を誇る平戸のヒラメ。肉厚で大きい天然ヒラメは身も淡いピンク色。毎年1月から4月にかけて、「平戸ひらめまつり」を開催。旬の味覚を楽しめる。

梅ヶ谷津偕楽園

熈の別邸で九十九島を望む景勝地。主屋に続く石段の脇には石塀が築かれ、風情を添える。

大曲家住宅（個人宅）

大正時代の面影を残す日本庭園と家屋が魅力。ヒラドツツジを植えた築山の庭園は見所で、開花の時季に合わせ、庭を望める部屋をカフェとして開放している。玄関までの石段と石垣、槙の生け垣が重厚な雰囲気を演出する。

ヒラドツツジ

大輪の花が特徴のツツジ。海外との交易で平戸に持ち込まれ、観賞用として武家屋敷の庭に植えられたという。自然交配でさまざまな形や色が誕生。昭和の中頃、平戸出身の農学博士・熊澤三朗氏が研究し、約400種の原木に命名した。

信仰の物語

平戸の精神を探る
そこは信仰のるつぼ

写真
解説　**根獅子の浜**（平戸市根獅子町）Ⓜ
江戸時代にキリシタンが殉教した砂浜で、最近まで禁足の聖地だった。

教会と寺が同居する平戸の写真は、旅本や雑誌などを
大きく飾る、平戸おなじみの風景である。
自然を崇拝する民間信仰、仏教、キリスト教、
そしてカクレキリシタンの信仰、さまざまな信仰が
混ざり合う「るつぼ」である。

平戸八十八カ所の一つ、岩谷神社では雄々しく巨岩を祀り、
祠付近は土足を禁じている。
キリシタンたちが迫害を受け、
命を落とした場所も禁足の聖地であった。
自然や死者への敬意であるとともに、
「バチ」が当たると畏れおののく姿は
古来の日本人の純粋な精神に結びつく。

平戸では今でも純粋に、その空気が受け継がれている。
さまざまな宗教を受け入れてきた平戸の人々の
純朴で謙虚な生き方に出会う旅へ。

参考文献

『県史42　長崎県の歴史』(山川出版社)
『長崎県史　古代・中世編』(吉川弘文館)
『史料で読む長崎県の歴史』外山幹夫 (清文堂)
『平戸市史』
『長崎県の文化財』(長崎県教育委員会)

写真撮影・提供

Ⓜ：松尾順造
Ⓚ：崎陽舎
ⓜ：松浦史料博物館 提供
Ⓨ：長崎総合科学大学　山田由香里氏 提供
Ⓞ：大石一久氏 提供
Ⓘ：平戸市生月町博物館　島の館 提供

山岳信仰と海上信仰の原型を残す　志々伎山

平戸/MAP50頁

平戸の南に雄々しくそびえ立つ志々伎山（しじきさん）。山頂からは平戸島南部や九十九島を広く望み、景勝地の一つである。海辺からその頂にかけて一つの神社をなし、海を行き交う人々のしるべとして航海安全の信仰を集めた。

志々伎山

松浦家も信仰した海の守護神

「志自岐大菩薩（しじきだいぼさつ）」。平戸松浦家の八幡船（ばはんせん）に掲げられていたと伝わる旗に、こう書かれている。志々伎山を海の守護神としていたことを表し、松浦隆信（道可）[*1]、鎮信[*2]の時代に使われたといわれる。海の民だった松浦や平戸の人たちにとって、志々伎山は航海の目印であり、安全を祈願する山であった。

式内社の一つ　志々伎神社

志々伎山は古代より山岳信仰の霊山の一つであり、志々伎神社の創建については言い伝えがある。神功皇后が朝鮮半島に出兵し帰ってくる際、十城別王（とわきわけのみこと）を志々伎にとど

志々伎と4つの宮

めて朝鮮半島への警備に当たらせた。この地で生涯を過ごした十城別王を祭神として祀ったという。

志々伎神社は平安時代においても、式内（しきない）

＊1　1529〜1599。ポルトガル船が平戸に初入港した（1550）時の領主。
＊2　1549〜1614。秀吉の朝鮮出兵（1592〜1598）、オランダ商館開設（1609）、イギリス商館開設（1613）時の領主。

沖津宮(平戸市野子町)ⓚ

平戸松浦家の八幡船の旗と伝えられる(松浦史料博物館蔵)ⓜ

社の一つとして重要視された。国家のルール「律」と「令」を施行するための規則を「式」といい、歴代の天皇たちは「貞観式」「延喜式」などの規則を編纂。延喜式の神名帳に志々伎神社の名がある。肥前国の式内社は4社のみであり、現在の長崎県でみると、式内社が集中する壱岐・対馬を除いては県内唯一である。平戸島も交通の要衝であり、対外交渉や防衛上、重要な役割を果たしたことが分かる。

山から海へ4つの宮が並ぶ

志々伎神社は、志々伎山(標高347.2m)の山頂から海に向かって順番に、上宮、中宮、邊津宮、沖津宮と4つの宮で構成されている。

上宮は山頂に鎮座。中宮は山の中腹にあり、現在の祭祀の中心となっている。山麓の宮ノ浦にある邊津宮は「地の宮」とも呼ばれ、古代には西海警備のための武器庫があった。邊津宮から海を隔てた小島には沖津宮があり、神社の祭神である十城別王の陵墓と伝えられる。

4つの宮のうち初期に創建されたのは邊津宮と沖津宮の2つ。邊津宮近くの手水川や沖津宮からは古墳時代の祭器と思われる須恵器などが出土しており、人々が志々伎山頂を仰ぎ見ながら祈願する姿が想像できる。

中宮と上宮は後に建立され、藩の祈願寺である円満寺や阿弥陀寺などもともに建てられた。13世紀末には、4つの宮が記された注進状に僧侶たちが名前を連ねており、土着の信仰と仏教が結びついて一つの信仰となる神仏習合を意味すると考えられている。明治の廃仏毀釈によって、円満寺は廃寺となった。

大陸との交流を物語る薩摩塔

沖津宮に立つ薩摩塔は12〜13世紀頃に製作され、中国浙江省の寧波産であることがわかった。宮ノ浦湾から引き揚げられた碇石も同じ産地だったことから、当時の大陸との活発な交流と航海神としての志々岐山を物語る。

独自の信仰
カクレキリシタン

平戸・生月/MAP50頁

江戸時代初期のキリスト教禁教以降、潜伏の時代の中で役人などに見つからないよう、密かに受け継がれてきた信仰。信教の自由が認められてからもなお、独自のしきたりを守り抜いてきた人々がいる。

オラショを唱える人々⑪

オラショの伝承と納戸神

　生月に伝わるカクレキリシタンの形態には特徴がある。行事のたびに集落ごとに集まり、納戸に軸を掛けてオラショ(祈り)を唱える。つぶやくように唱えられるオラショは、日本語、ポルトガル語、ラテン語なのか、よくわからない。

　納戸に祀られた軸の絵は、キリストとマリア、聖人たちを描いたような母子像や人物画など約10種類。古くなると、ご神体の魂をいったん抜き、絵を描き直して新たに魂を入れる「お洗濯」という儀式を行う。こうして同じ構図の絵を繰り返し受け継いできた。同じ構図でも十字架が描かれている時期と消されている時期があり、時代背景を読み取ることができる。

御前様(納戸神)(平戸市生月町博物館　島の館蔵)①

中江ノ島

宝亀教会（平戸市宝亀町）

紐差教会（平戸市紐差町）

安満岳と中江ノ島

　平戸島で最も高い山「安満岳」(標高535
m)は島南部の志々伎山と同じく、山岳信仰の
霊山の一つであり、真言密教の修験場だっ
た。安満岳の寺社勢力は強く、キリスト教と対
立していたが、なぜか山頂にはカクレキリシタ
ンたちが手を合わせる祠があり、背面に十字
が刻まれた石仏の存在も言い伝えられてい
る。平戸・生月のカクレキリシタンが唱えるオラ
ショには安満岳の「奥の院様」が出てくる。

　島に伝わるキリシタン殉教地は聖地として大
切にされてきた。平戸島と生月島の間に浮か
ぶ殉教地・中江ノ島には、生月のカクレキリシ
タンが毎年正
月、「お水取り」と
いう儀式のため
に渡り、聖水を
採取して、祭礼
に用いている。

お水取り（平戸市の中江ノ島）①

教会巡礼

　天文19年(1550)、宣教師フランシスコ・ザビエルが平戸
を訪れ、平戸・生月はキリシタンの街となっていった。しかし
江戸時代初期に禁教令が出され、キリシタンたちは棄教す
るか、仏教徒を装いながら密かに信仰を守り続けるかの
道を選んだ。明治時代になってキリスト教禁止の高札が撤
廃されると、ローマを中心とするカトリック教会に戻った信
徒たち（復活キリシタン）は、各地に教会堂を建設。

　今も平戸・生月には多くの教会がある。ロマネスク調の
白亜の紐差教会、コロニアル風の宝亀教会、レンガ造りの
荘厳な田平教会(51頁参照)、悲しみのマリア像がある生
月の山田教会など、県内外から癒しの空間を求めて祈り
に訪れる人々が絶えない。

47

古寺名刹にみる　信仰が溶け合う平戸の精神

平戸/MAP50頁・51頁

平戸の風景を堪能できる八十八カ所巡り。江戸時代に定められたこのルートを歩くと、信仰を超え、海や山の自然の美しさに出会う。平戸を愛した藩主の思いを感じながら歩いてみよう。

平戸島八十八カ所めぐり

八十八カ所巡りというと、弘法大師空海が修行した場所を霊地として、その足跡を慕って巡礼するもの。平戸では弘化3年(1846)、平戸藩10代藩主・松浦熙（ひろむ）が空海ゆかりの地だけでなく、神社、さまざまな宗派の寺院、墓所までも選び、巡拝できるコース"平戸島八十八カ所"を定めた。信仰の対象となった志々伎山や安満岳も含まれ、平戸の美しい景観を堪能できるビューポイントでもある。

コースは平戸城下を出発して、平戸島の海岸線約120キロを右回りに10日間かけて一巡する。松浦史料博物館に残る古地図には巡礼の場所と旅の行程が細かく記されている。

第20番の権現神社は鳥居をくぐり抜けると、竹林に囲まれた石段の参道が続く。神聖な空気が優しく身を包んでくれるようだ。

権現神社(平戸市迎紐差町) Ⓨ

平戸島八十八ヶ所の古地図(松浦史料博物館蔵) Ⓚ

藩主ゆかりの古刹

最教寺

真言宗に帰依していた初代平戸藩主・松浦鎮信(法印)は慶長12年(1607)、曹洞宗の寺を廃止し、最教寺を建立した。この廃した寺の僧侶の亡霊に毎夜悩まされた鎮信だったが、ある日赤ん坊の泣き声が霊を退散させたため、最教寺では毎年節分に子泣き相撲を催すようになった。

正宗寺

江戸時代初期、キリスト教禁教が強まると、松浦家は仏教徒であることを強調するため、3代藩主の松浦隆信はキリシタンでない証として、約5mもの巨大な墓石を建てた。その墓が正宗寺に残っている。

正宗寺の巨石墓(平戸市鏡川町)ⓚ

雄香寺

元禄8年(1695)、5代藩主の松浦棟は大島にあった江月庵を平戸島に移し、雄香寺を建立した。以降、寺は歴代藩主の菩提寺となった。開山時の建築とされる開山堂は当時の風情をそのまま残している。

普門寺

1400年代創建の古刹、普門寺は10代藩主・松浦熈ゆかりの寺である。熈は台風で倒れた樹齢約370年の大杉を使って御堂の建築を命じた。景粛堂と名付けられた御堂は一本堂とも呼ばれる。境内には熈の墓もある。

普門寺の景粛堂(平戸市木ヶ津町)ⓚ

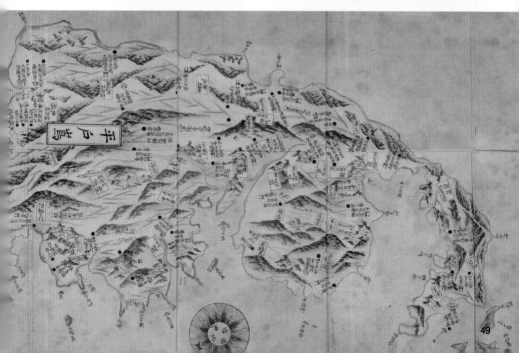

宗教を超えて
平戸の精神を訪ねる

教会や寺、神社が点在し、それらの宗教が同居する島、平戸。
隣り合う異宗教の建物がかもし出す雰囲気も平戸らしさを演出してくれる。
宗教を超えて、今も人々の生活の中に祈りや崇拝の心は静かに息づいている。

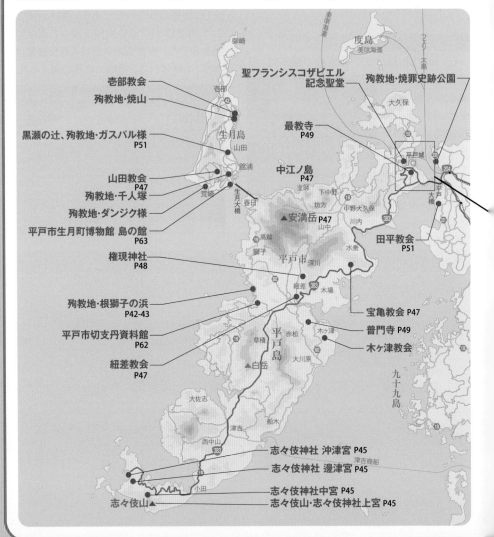

壱部教会
殯教地・焼山
聖フランシスコザビエル
記念聖堂
殯教地・焼罪史跡公園
黒瀬の辻、殯教地・ガスパル様 P51
最教寺 P49
山田教会 P47
中江ノ島 P47
殯教地・千人塚
殯教地・ダンジク様
平戸市生月町博物館 島の館 P63
安満岳 P47
田平教会 P51
権現神社 P48
殯教地・根獅子の浜 P42-43
宝亀教会 P47
平戸市切支丹資料館 P62
普門寺 P49
紐差教会 P47
木ヶ津教会
志々伎神社 沖津宮 P45
志々伎神社 邊津宮 P45
志々伎神社中宮 P45
志々伎山・志々伎神社上宮 P45

★キリシタンの物語については、『旅する長崎学 キリシタン文化編』(全6巻)で詳しく紹介している。

たびナガ CHECK!

教会と寺の見える風景

教会と寺が同居する風景が美しく納まるのは平戸ならでは。寺の前の坂道も苔むした石段と竹林で情緒があり、喧噪を離れた異空間を体感できる。

黒瀬の辻

慶長14年(1609)、生月のキリシタンたちの指導者だったガスパル西玄可が家族とともに殉教した地。生月の最初の殉教者となった。十字架の裏手には墓が残り、「ガスパル様」と呼ばれる聖地だ。

雄香寺 P49、P51

教会と寺の見える風景
ビューポイント

雄香寺開山堂

松浦棟が元禄8年(1695)に創建。江戸時代中期を代表する総丹塗の寺院建造物。

田平教会

大正7年(1918)、当時カトリックの教会を各地に建てていた鉄川与助が設計、施工。平戸瀬戸を望む教会はレンガ造りの重厚な雰囲気で、訪れた人を圧倒する。夕景との調和が美しく、時を忘れさせてくれる。

51

捕鯨の物語

勇魚漁で栄えた生月
鯨組の隆盛を訪ねて

写真解説
『**勇魚取絵詞（写本）**』より（長崎歴史文化博物館蔵）ⓚ
鯨に網をかけ、銛で仕留める図。ダイナミックな捕鯨の様子を細かく記録した江戸時代の傑作である。

長崎では江戸時代から続く食文化として、
正月やおめでたい席で鯨を食する。
鯨は当時の貴重なタンパク源であり、
一頭で七浦うるおうといわれるほど、経済活動を活発にした。

江戸時代、生月や五島、壱岐などの海域で
西海捕鯨は隆盛を迎える。
なかでも、生月は日本一の規模を誇った
鯨捕りの集団・益冨組の本拠地だった。
海上で繰り広げられる命がけの漁。
人々は鯨のために「南無阿弥陀仏」を唱え、
供養塔をつくって弔った。

益冨家は捕鯨の様子を『勇魚取絵詞』という本にまとめ、
鯨の調理法を記した『鯨肉調味方』を後世に伝えた。
野太い声と太鼓の音が勇壮に轟く
勇魚捕唄も伝承されている。

生月の捕鯨文化を訪ねる旅──。
鯨の恩恵への感謝を忘れず、
懸命に生きた人たちの生きざまが垣間見れる。

参考文献
『県史42　長崎県の歴史』(山川出版社)
『長崎県史　古代・中世編』(吉川弘文館)
『史料で読む長崎県の歴史』外山幹夫(清文堂)
『平戸市史』
『鯨取り絵物語』中園成生、安永浩(弦書房)
『生月史稿　カクレキリシタンの島生月史』近藤儀左ヱ門(芸文堂)

写真撮影・提供
Ⓜ:松尾順造
Ⓚ:崎陽舎
ⓜ:松浦史料博物館　提供
ⓝ:長崎歴史文化博物館　提供

日本最大の鯨組「益冨組」

生月/MAP60頁

西海は日本有数の捕鯨基地だった。鯨組と呼ばれる鯨捕りの集団が平戸周辺の島や壱岐、五島を拠点に活動。なかでも生月島の益冨組は日本で最大規模を誇った。

西海捕鯨の始まり

　寛永元年(1624)、西海での捕鯨は紀州からやってきた人たちによって始まり、操業はすぐに地元の人たちの手に移った。平戸の町人たちが捕鯨に参入し、度島や平戸島北部、壱岐などを拠点とする鯨組が誕生した。

　当時、鯨油は灯り用として使われていたが、享保の飢饉以降は田の害虫駆除に効果があるとして重宝された。

　初期のころの捕鯨法は突取という方法で、櫓漕ぎの船で鯨を追いかけて銛を打ち込む方法だった。しかし、鯨に逃げられることや突組同士の競争によってたくさんの銛を打ち込まれた鯨を死なせてしまうことなどから、捕鯨法が見直された。網をかけてから銛を打ち込む網掛突取捕鯨法が考え出さ

益冨家住宅(平戸市生月町)Ⓚ

西海捕鯨の拠点地図

『勇魚取絵詞（写本）』より　生月壱部の益冨家の絵（長崎歴史文化博物館蔵）ⓚ

れ、西海では平島や上五島を拠点にしていた大村藩の深澤組（ふかざわぐみ）が最初に導入。他の鯨組も次々と網掛突取を取り入れるようになった。

益冨組の全盛

享保10年（1725）、生月島の南部、舘浦（たちうら）で捕鯨をしていた畳屋又左衛門正勝（たたみやまたざえもんまさかつ）は北部の御崎浦（みさきうら）に本拠地を移し、4年後には本格的に網掛突取による捕鯨を始めた。この鯨組が後に日本一の規模を誇る益冨組となる。

益冨組は漁場の拡大を目指し、壱岐や五島に進出した。壱岐の勝本には既に土肥組（どいぐみ）が拠点を持っていたが、益冨組は平戸藩によって永続的に漁場の使用を認められた。2つの組は大規模な集団で鯨漁に臨み、多いときで従業員は3000人を超えたという。ついに益冨組は文政[*1]から天保年間[*2]にかけて、5つの網組を経営する日本一の規模にまで成長した。

西海の捕鯨は11月から4月にかけてシーズンを迎え、生月の御崎浦は海域を南下する冬場の「下り鯨」と春に北上する「上り鯨」が通過する最良の漁場だった。益冨組は年間200頭を捕獲することもあり、創業時から廃業までの142年間にわたって平戸藩に納めた税や献金などは100万両以上（約1000億円）[*3]に及ぶ。捕鯨が一大事業として藩の財政を支えていた。

益冨組は現代のビジネスモデル

鯨に銛を打ち込む羽差はいわゆる花形。益冨組は別の鯨組に優秀な羽差がいたら、高い賃金を提示して引き抜く、いわゆるヘッドハンティングを行った。また、業績次第で階級や賃金が変わる実力主義のシステムにしていた。一方で働く人やその家族などへの配慮も欠かさず、人形浄瑠璃の一座を招いて公演させたり、捕鯨に協力的な人には謝礼金を出したりと福利厚生も充実していた。

合理主義である一方で従業員を大切にする、益冨組は"優良企業"だったようだ。

史料に描かれた捕鯨の姿

生月の捕鯨の様子は図説『勇魚取絵詞』で生き生きと伝えられる。
益冨組が残した記録は当時を忠実に表現する貴重な史料であると
同時に、鯨と真剣に向き合ってきた人々の姿を映し出す。

生月/MAP60頁

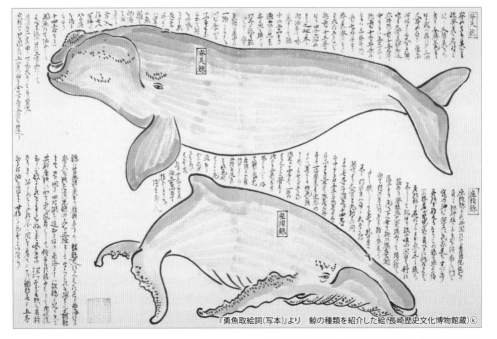

『勇魚取絵詞（写本）』より　鯨の種類を紹介した絵（長崎歴史文化博物館蔵）k

ユーモアたっぷり『勇魚取絵詞』

　『勇魚取絵詞』は天保3年(1832)、益冨家が刊行した。単色刷りの本は捕鯨の図説で、漁場や施設の紹介、網をかけて銛を突き刺す捕鯨の様子、解体や加工の過程など20の場面を描いた絵と解説文で構成されている。

　益冨組は旗に牛角の紋を用いた。解説文によると、操業開始日に丑の日を選ぶなど、「牛」にちなむのは「モウ（すぐに）突こう」という意味だそうだ。本は当時の様子や状況を忠実に伝えながらも、ユーモアにあふれている。

捕鯨図が語る

　捕鯨図は、捕鯨に関わった人たちの姿など貴重な情報が詰まった史料だ。船団で鯨を追い込んで、網をかけ、銛を打ち込む。そして沿岸まで曳航して解体する一連の作業が克明に描かれている。

　益冨組では操業を始める時と、正月9日の夜、そして操業を終える時の計3回、羽差たちが唄い踊って、宴を催した。命がけで鯨に挑む心意気や、無事にシーズンを終えた喜びがうかがえる。太鼓と唄が「生月勇魚捕唄」として現在も受け継がれている。唄いながら輪になって踊っていたため、踊りは「轆轤をどり」と呼ばれた。

　轆轤は鯨を沿岸に引き寄せるときや解体す

牛角の紋。益冨組の捕鯨のジオラマより
（平戸市生月町博物館　島の館）

56

『勇魚取絵詞（写本）』より　鯨の解体（長崎歴史文化博物館蔵）Ⓚ

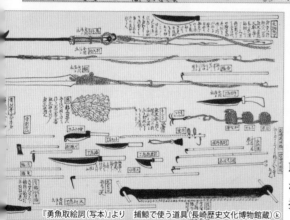

『勇魚取絵詞（写本）』より　捕鯨で使う道具（長崎歴史文化博物館蔵）Ⓚ

『勇魚取絵詞（写本）』より　羽差踊
（長崎歴史文化博物館蔵）Ⓚ

るときに使われていた。巨大な鯨を捕獲し、効率よく陸地に揚げるには、道具の開発や改良が必要だった。鯨に掛ける網や綱の材料に、苧という通常の漁で使っていた藁よりも強度がある植物を用いた。捕鯨図には網を編む人たちの姿も描かれている。

鯨料理レシピ本

　益冨家は『勇魚取絵詞』の付録として『鯨肉調味方』という鯨のレシピ本を制作している。鯨の部位を肉や内蔵など70ほどに分けて

取り上げ、それぞれの調理法が細かく記されている。生で食べたり、焼いたり、油で揚げたりとさまざま。

　余すところなく、すべてを食べ尽くす食文化が垣間見れる。今に伝わる料理もあり、生月では鯨料理を味わうことができる。

鯨の缶詰 松浦漬

　鯨の上あごの軟骨・カブラ骨をきざんで酒粕につけたものを「松浦漬」「玄海漬」と呼び、明治時代、西海捕鯨の基地があった九州西岸で商品化された。コリコリした食感が特徴。レトロな缶詰のデザインが印象的だ。

捕鯨絵巻物が伝えるメッセージ

中園成生さん（平戸市生月町博物館　島の館　学芸員）

捕鯨という歴史的遺産が現代に問いかけるテーマが数多くある。
組織化されたビジネスの形として、または循環型社会の実現、殺生して
頂くことの意味として。日本の人々は鯨とどう向き合ってきたのか、生月を中心に捕
鯨について民俗学的視野から研究している平戸市生月町博物館　島の館の学芸員、
中園成生さんに尋ねた。

プロフィール

福岡市出身。
生月を中心とした捕鯨やカクレキリシタンを
テーマに、民俗学を研究。著書に『鯨取り絵
物語』(弦書房)など多数。

Q 捕鯨をどんな風にとらえているか?

捕鯨は、近代的な部分と原始的な部分の、両方の側面を持っている。近代捕鯨業も漁業の中では最も大規模な形態だったが、江戸時代の捕鯨業も一組で500人以上の従業員を抱え、当時は鉱山と並んで最も多くの人が働く産業組織だった。

一方で捕鯨は、人と生き物がダイレクトにコミットする、原初的な部分も持っている。近代に入って動物愛護の思想が広まり、全体的に生き物を殺す事が隠されるようになってきた中で、人が生き物を直接殺し、かつその場面がオープンである捕鯨は、余計に目立つ存在となっており、その事が様々な問題を引き起こしている部分を感じる。

Q 『勇魚取絵詞』には捕鯨の様子がかなり細かく記録され、情報量は豊富である。その情報を分析する中で気付いた興味深いことは?

捕鯨の様子を図と文で紹介した捕鯨絵巻は、江戸時代の中頃から各地で制作されるようになる。最初(1773年)に制作された捕鯨絵巻『小児の弄鯨一件の巻』では、漁場の紹介、道具、捕獲場面、解体場面、鯨の身体部位が紹介され、ハザシが踊る場面で終わる。そのスタイルがその後制作された絵巻にも踏襲される。一方で、時代が下って制作される捕鯨絵巻では、次第に場面も細分化され情報量が増えていく。例えば『小児の弄鯨一件の巻』では捕獲は一つの場面に纏められているが、1796年に制作された『鯨魚覧笑録』では、追い立てと網掛、銛突、剣突の三つの場面に分けられている。

制作年代が異なる絵巻を見ていくなかで気付く事もある。例えば鯨の探索のため沿岸に置かれた山見小屋の窓は、『小児の弄鯨一件の巻』では特徴の無い普通の窓である。だが1832年に制作された『勇魚取絵詞』では、屋根の庇を前方に伸ばし、空の部分をあまり見えなくして、目の疲労を抑える工夫をしている。

佐賀県の小川島には昭和初期まで使用された山見小屋が残るが、上下の幅を極端に狭め、海面だけが見える窓にしている。同じ捕鯨法でも時代の経過につれて技術が進歩している事を、捕鯨絵巻は教えてくれる。

Q 制作費約50両（約500万円）をかけて、どうして制作したのか？

生月島の捕鯨絵巻『勇魚取絵詞』の制作は、鯨組主である益冨家と平戸藩主の共同作業で、藩主の指導の下、益冨家が情報と資金を提供する形が取られたと考えられている。『勇魚取絵詞』の版木は、平戸藩主の資料を所蔵している松浦史料博物館に残されている。

江戸時代の中頃になると、平戸藩主の松浦静山が著した『甲子夜話』のように地方の風俗や出来事を、文章や絵などを使って細かく記録する事が盛んに行われるようになる。捕鯨絵巻の制作もこうした流れと一致するが、特に捕鯨などの第一次産業を情報化し発信していこうとした当時の日本人のエネルギーは、現代人よりもはるかに強かった。

Q 解体の場面など、一見残酷と感じるところまで現代の私たちに記録として伝えている。

捕鯨絵巻では鯨の解体場面も紹介されている。解体は誰でも見ることができる場所で行われていた。現代社会では、食卓に上る肉のために家畜が屠殺される現実を日常から遠ざけている。昔の人たちは生きていくために鯨を取り、命あるものを頂くという現実に正面から向き合っていた。捕鯨絵巻は、そういった事を教えてくれる資料でもある。

Q 昔の人たちは捕った鯨を余すところなく利用していた。その背景にあるものは何か。

鯨を余すところなく利用するというスタイルは、最初から取られていた訳ではない。西海では江戸時代初頭から捕鯨が本格的に行われるようになるが、最初は皮脂からのみ鯨油を製造し、他の部分は捨てていたようだ。しかしその後、内臓や骨、皮脂の煎り滓からも油を取るようになっていく。捕鯨は、地域に取っても藩に取っても莫大な利益をもたらすため、できるだけ鯨を有効に利用して利益を上げるように努めた側面もあるだろう。ただ江戸時代には、限られた資源を最後まで利用し切るという思想が定着していた事が、江戸における布地の利用などからうかがえる。新品が古くなると古着として売られ、さらに古くなると端切れとして利用され、最後は肥料になったのである。このように最後まで有効に使い切り、無駄にしないという事が、生き物の命を尊重する事にも繋がっている。このように捕鯨の歴史を眺める事で、現代社会が抱えるさまざまな問題も見えてくる。

鯨を発見する山見小屋が描かれた『勇魚取絵詞（写本）』（長崎歴史文化博物館蔵）。小屋の隣では竿を振って、鯨の行方を船に伝える人も描かれている。

鯨捕りの島・生月の自然と鯨組の足跡

生月の海や風は時に荒々しい表情を見せる。
小さな島の人々は力を合わせて、乗り越えてきた。
そこには捕鯨という産業を通じた人々の絆が見えてくる。

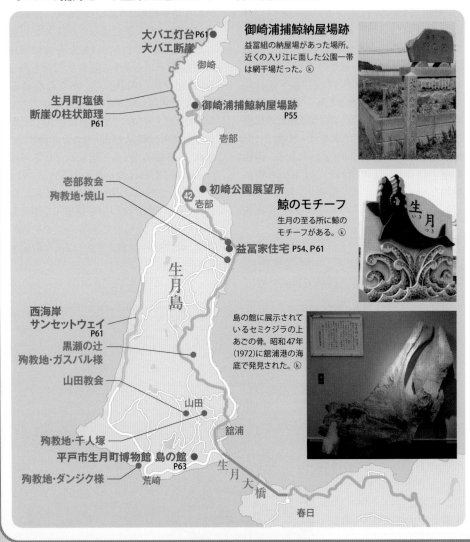

大バエ灯台 P61
大バエ断崖

御崎

御崎浦捕鯨納屋場跡
益冨組の納屋場があった場所。
近くの入り江に面した公園一帯
は網干場だった。ⓚ

生月町塩俵
断崖の柱状節理
P61

御崎浦捕鯨納屋場跡
P55

壱部

壱部教会
殉教地・焼山

㊷
壱部

初崎公園展望所

鯨のモチーフ
生月の至る所に鯨の
モチーフがある。ⓚ

益冨家住宅 P54、P61

生月島

西海岸
サンセットウェイ
P61

島の館に展示されて
いるセミクジラの上
あごの骨。昭和47年
(1972)に舘浦の海
底で発見された。ⓚ

黒瀬の辻
殉教地・ガスパル様

山田教会

山田

舘浦

殉教地・千人塚

平戸市生月町博物館 島の館
P63

殉教地・ダンジク様

荒崎

生月大橋

春日

60

たびナガ
CHECK!

大バエ灯台

島の最北端にある灯台。視界の前には、真っ青な海が広がる。断崖絶壁なので、高所恐怖症の人は用心を。Ⓜ

益冨家住宅（個人宅）

生月の壱部浦を拠点に活動した西海屈指の鯨組・益冨家の居宅。木造の日本家屋は本瓦の大きな屋根を持ち、どっしりした造り。敷地内には恵美須神社も。

西海岸サンセットウェイ

島の西側の海を望むドライブコース。緑に覆われた崖が迫りくるような海岸沿いを風を切って走ると、気分も爽快だ。放牧場もあり、「牛に注意！」の標識が。

生月の街並みと生月大橋

長屋のように連なった生月独特の街並みの向こうに生月大橋が見える。橋のたもとには道の駅も。Ⓚ

塩俵断崖の柱状節理

無数の五角形、六角形の多角形の岩の柱が断崖絶壁に立ち並ぶ。真上から眺めると、蜂の巣のようにも見える。海に浸食された玄武岩の溶岩流で、まさに自然がつくり出した美。Ⓜ

資料館めぐり

鷹島や平戸、生月、佐世保の資料館に出かけてみよう!
貴重な資料が所蔵・展示されている。
本物を見て触れると、今回の旅のストーリーの理解もより深まるはず。

松浦市立鷹島歴史民俗資料館
松浦市立鷹島埋蔵文化財センター

元寇の舞台となった鷹島の海底には元軍の遺物が眠り、資料館では調査で引き揚げられた武器や陶磁器などを展示。隣接する埋蔵文化財センターでは元軍の大型の梶が見所。船の木片などの保存処理が行われている。
- ■入館料/大人300円、小中高校生140円(団体割引あり)
- ■開　館/9:00～17:00
- ■休　館/月曜、12月29日～1月3日
- ■問合せ/☎0955-48-2744
- ■場　所/松浦市鷹島町神崎免151 (MAP 14頁)

松浦史料博物館

平戸藩を治めた平戸松浦家の史料を中心に、国指定の重要文化財などを収蔵。藩主が実際に居宅として使っていた屋敷を博物館として活用し、国の登録文化財にもなっている。敷地内には茶道鎮信流の茶室閑雲亭もある。
- ■入館料/大人600円、小中高校生350円
- ■開　館/8:00～17:30(12月は～16:30)
- ■休　館/年末年始
- ■問合せ/☎0950-22-2236
- ■場　所/平戸市鏡川町12 (MAP 40頁)

平戸市切支丹資料館

根獅子の浜の近くにある資料館一帯の森はキリシタンの聖地だった。殉教した人を「おろくにんさま」と称し、大切にしている。館内では納戸神やカクレキリシタンの貴重な祭具などを展示している。
- ■入館料/大人200円、高校生150円、小中学生70円
- ■開　館/9:00～17:30
- ■休　館/水曜
- ■問合せ/☎0950-28-0176
- ■場　所/平戸市大石脇町1502-1 (MAP 50頁)

平戸市生月町博物館　島の館

江戸時代に日本最大の規模を誇った鯨組・益冨組の本拠地である生月。捕鯨の歴史を分かりやすく展示するほか、カクレキリシタンの信仰の歴史やその形態などを紹介。生月の民俗学に触れることができる。

■入館料/大人520円、高校生310円、小中学生210円
■開　館/9:00〜17:00
■休　館/1月1日、2日
■問合せ/☎0950-53-3000
■場　所/平戸市生月町南免4289-1（MAP 50頁、60頁）

三川内焼美術館

伝統工芸品である三川内焼400年の歴史を振り返りながら、歴代の名工と現代の名工たちの作品が窯ごとに鑑賞できる。なかでも、製作日数140日をかけて作られた直径1mに及ぶ大皿は窯元共同による力作。

■入館料/無料
■開　館/9:00〜17:00
■休　館/年末年始
■問合せ/☎0956-30-8080
■場　所/佐世保市三川内本町343　（MAP 1頁）

佐世保市うつわ歴史館

世界最古の土器「豆粒文土器」をはじめ、佐世保のやきものの歴史や特徴、製作工程などを映像と模型で紹介し、郷土の歴史を「うつわ」の観点から捉えた展示になっている。工芸サロン, 工芸ギャラリーもある。

■入館料/無料
■開　館/9:00〜17:00
■休　館/年末年始
■問合せ/☎0956-30-6565
■場　所/佐世保市三川内本町289-1　（MAP 1頁）

□長崎県・県北地域の観光の問い合わせ

ながさき県北観光協議会	佐世保市木場田町3-2	☎0956-24-5287

□平戸・生月観光の問い合わせ

社団法人平戸観光協会	平戸市岩の上町1473	☎0950-23-8600
平戸観光交流センター	平戸市岩の上町1473	☎0950-22-3060
NPO法人ひらど遊学ねっと	平戸市岩の上町1519	☎0950-22-4372
生月観光ボランティアガイド	平戸市生月町南免4289	☎0950-53-3000
	（平戸市生月町博物館島の館内）	

□松浦・鷹島・福島観光の問い合わせ

一般社団法人まつうら党交流公社	松浦市志佐町浦免1808-1	☎0956-27-9333

【資料提供・取材協力】

- ■松浦史料博物館
- ■長崎歴史文化博物館
- ■松浦市水産商工観光課
- ■松浦市鷹島支所地域振興課
- ■松浦市福島支所地域振興課
- ■平戸観光協会
- ■松浦市教育委員会生涯教育課
- ■平戸市教育委員会文化遺産課

- ■佐世保市社会教育課
- ■松浦市立鷹島歴史民俗資料館
- ■鷹島モンゴル村
- ■長崎総合科学大学　山田由香里
- ■平戸市生月町博物館　島の館
- ■九州大学附属図書館
- ■三川内陶磁器工業協同組合
- ■真正極楽寺

- ■建仁寺
- ■大曲敦

（順不同、敬称略）

旅する長崎学14 海の道Ⅳ 平戸・松浦 西の都への道 西海に生きた武士と国際交流の足跡

発　行　日	初版2010年4月30日　　第2版 2011年2月5日
	第3版 2014年8月20日　　第4版 2022年8月2日
企　　　画	長崎県
アドバイザー	ながさき歴史発見・発信プロジェクト推進会議（座長：市川森一）
発　行　人	片山仁志
編集・発行	株式会社　長崎文献社 〒850-0057　長崎市大黒町3-1-5F TEL095-823-5247　FAX095-823-5252 URL https://www.e-bunken.com
編　集　人	堀憲昭
構　成・文	大浦由美子
デ ザ イ ン	有限会社　パームスリー
印　　　刷	株式会社　インテックス

©2010 Nagasaki Bunkensha,Printed in Japan
ISBN978-4-88851-377-7 C0021

◇禁無断転載・複写
◇定価は表紙に表示してあります。
◇落丁、乱丁本は発行所宛てにお送りください。送料小社負担でお取替えします。

長崎県の歴史と旅の遊学サイト

長崎県の歴史・文化の魅力が満載「たびなが」！ 新しい長崎を発見しませんか。

まだ見たことのない 特別な長崎に逢える場所。

長崎を箱庭のように眺めることができる絶好のロケーションに佇むガーデンテラス長崎ホテル＆リゾート。
世界で活躍する建築家・隈研吾氏の設計によるこのホテルは
その美しい景色とともに「上質」を肌で感じることが出来る洗練された空間になっています。
また、豊かな自然と温暖な気候に恵まれた四季折々の旬を楽しめる「食の宝庫」長崎ならではの
山海の幸を使った料理を、施設内にあるテーマの異なった4つのレストランで味わい尽くす。
ゆったりとした時が流れる、「ここにしかない極上の長崎」をご体感ください。

GARDEN TERRACE NAGASAKI
HOTELS & RESORTS

ガーデンテラス長崎ホテル＆リゾート
〒850-0064 長崎県長崎市秋月町2-3 TEL.095-864-7777

メモリードグループのリゾートホテル（九州）

ガーデンテラス長崎
ホテル＆リゾート
長崎県長崎市

長崎ロイヤルチェスター
ホテル
長崎県長崎市

長崎あぐりの丘
高原ホテル
長崎県長崎市

ホテルフラッグス
諫早
長崎県諫早市

ホテルフラッグス
九十九島
長崎県佐世保市

九十九島シーサイドテラス ホテル＆スパ
花みずき
長崎県佐世保市

五島コンカナ王国
ワイナリー＆リゾート
長崎県五島市

武雄温泉
森のリゾートホテル
佐賀県武雄市

ガーデンテラス佐賀
ホテル＆マリトピア
佐賀県佐賀市

ガーデンテラス福岡
ホテル＆リゾート
福岡県福岡市

ガーデンテラス宮崎
ホテル＆リゾート
宮崎県宮崎市

株式会社メモリード
http://www.memolead.co.jp

むぎ焼酎発祥の地『壱岐』

歴史の島、伝統の味
本格焼酎

世界が認めた壱岐焼酎

むぎ焼酎壱岐「松永安左エ門翁」・「瀧泉」・「壱岐オールド」は、2010年モンド・セレクションにおいて、最高金賞（グランド・ゴールドメダル）を受賞しました。

松永安左エ門翁
720㎖ 43度

スーパーゴールド22
720㎖ 22度

むぎ焼酎壱岐
1800㎖ 25度

むぎ焼酎壱岐は、これからも商品の品質向上に努め、皆様のご期待にお応えすべく、一段の努力と挑戦を続けてまいります。